디카詩

디카詩

이시향 외

울산디카시인협회 연간집

발간사

함께 나누는 기쁨

이시향
(한국디카시인협회 울산지부장)

   울산디카시인협회가 첫 번째 연간집을 발간하게 되어 그 기쁨을 함께 나누고자 합니다. 울산디카시인협회는 2023년 9월 24일 창립총회를 통해 한국디카시인협회 울산지부로 인준을 받으며 새롭게 출발하였습니다. 지금까지 38명의 정회원과 77명의 밴드 회원이 함께하며 디카시에 대해 깊이 있는 생각과 창작을 지속하고 있습니다.

   디카시는 이미지와 언술의 융합을 통해 5행 이하지만 느낌과 강렬한 메시지를 담아내는 촌철살인의 문학입니다. 우리 회원들은 울산의 아름다움을 널리 알리기 위해 분기별로 지역 탐방을 하며 현장에서 느끼는 감동을 디카시로 써서 지속적으로 전시를 하고 있습니다.
   또한 매달 최우수작을 선정하여 그 중에 1편을 울산디카시인협회 디카시 문학상으로 선정 운영하며 디카시인의 저변확대에도 노력하고 있습니다. 생활성과 영상성을 함께 겸비한 이번 연간집은 울산디카시인협회가 걸어온 첫걸음의 기록이며 앞으로 나아갈 길에 대한 다짐이기도 합니다. 이 한 권의 책이 여러분에게는 디카시의 매력을 재발견하는 시간이 되고 협회 회원들에게는 창작의 열정을 다지는 소중한 계기가 되기를 바랍니다.

　울산디카시인협회의 시작과 성장을 함께 해 주신 한국디카시인협회 관계자와 우리 회원분들께 깊이 감사드리며, 앞으로도 더 많은 이들이 디카시의 매력을 느끼고 함께할 수 있도록 열정을 다하겠습니다.

감사합니다.

축사

일상에서 만나는 예술의 힘

김종회
(한국디카시인협회 회장)

　울산디카시인협회의 2024년 연간집 발간을 진심으로 축하드립니다. 국내외의 여러 한국디카시인협회 지부 가운데서도, 울산지부는 늘 활발한 활동과 결속력으로 모범이 되어 왔습니다. 익히 알다시피 디카시는 일상의 예술이요 예술의 일상이 현실화하는, 어느 누구에게나 친숙한 생활 문학입니다. 남녀노소 모두 손안에 쥐고 있는 소우주, 핸드폰의 디지털카메라로 순간 포착의 영상을 찍고 여기에 몇 줄 촌철살인의 시어를 부가하는 새로운 문예 장르입니다.

　올해로 20년 성년이 된 디카시는, 이제 국경을 넘어 온 세계로 확산하여가는 저력 있는 한류 문화의 한 영역이 되었습니다. 국내에 있는 13개의 지부 및 지회 그리고 해외에 있는 20개의 지부 가운데서도, 울산지부는 영상문화 시대의 한복판을 가로지르는 이 뜻깊은 문예 운동의 선두에 서서 문학과 예술의 의의 및 가치를

한껏 고양해 왔습니다. 그것은 곧 디카시가 멀고 어려운 자리에 있는 것이 아니라, 우리 곁에서 그 향유와 보람을 다하게 한다는 뜻이기도 합니다.

이번에 상재되는 연간집에는 한국디카시인협회 임원들의 초대시와 울산디카시인협회 디카시 문학상 당선작, 월간 우수작품 당선작이 수록되어 있고 회원 38인의 디카시 76편이 한데 묶였습니다. 각기의 시들을 일별해 보년 풍광이 수려한 울산 지역의 영상들을 담아내고, 그동안 숙련된 디카시 창작의 기량을 함께 보여줌으로써 그 예술적 생명력을 발산하고 있습니다. 거듭 이 연간집의 출간을 축하드리며 울산지부의 더 큰 발전을 기원해 마지않습니다.

디지털문화의 견인차

이상옥
(한국디카시연구소 대표)

　울산디카시인협회가 디카시 전시회, 개인 디카시집 발간 등 왕성한 활동을 하며 연간 작품집 발간까지 하게 된 것은 정말 뜻깊은 일로 축하드립니다.
　울산에서는 일찍이 이시향 지부장을 중심으로 디카시를 디지털 시대의 새로운 시로 수용해서 동인 활동을 해왔는데, 지난해 한국디카시인협회 울산 지부로 인준을 받으면서 울산 지역에서도 디카시가 새로운 중심적 역할을 할 수 있게 되었습니다.
　회원 여러분의 디카시 사랑과 창작 열정에 박수를 보내 드립니다. 이번 작품집은 울산 디카시인들만의 독특한 세계관과 정서가 담겨 있어 울산의 문학적 다양성과 창의성에도 크게 기여하며 나아가 울산의 문화적 인프라 형성에도 기여한다고 하겠습니다.

울산디카시인협회 같은 국내 지부와 지회의 왕성한 활동에 힘입어 디카시는 지자체 곳곳에서 문학 장르이면서도 문화콘텐츠로 활용돼 다양한 디카시 프로젝트가 이뤄지고 있습니다. 해외지부도 중국이나 동남아를 넘어 미국 주요 도시, 또 영국 런던, 프랑스 파리 등 서유럽 쪽으로까지 속속 창립이 되고 있습니다.
 앞으로 울산디카시인협회가 울산 지역 문화예술을 더욱 풍성하게 가꾸며 글로벌 대한민국의 디지털 문화를 선두에서 이끌어가는 견인차 역할도 해 줄 것이라고 기대합니다.
 감사합니다.

차례

■ 발간사
이시향 함께 나누는 기쁨 · 004

■ 축사
김종회 일상에서 만나는 예술의 힘 · 006
이상옥 디지털문화의 견인차 · 008

하나, 초대 작품
김종회 양수리 찬가 · 016
이상옥 적우의 '하루만' · 017
최광임 세기의 골목 · 018
이기영 공작 · 019

둘, 울산디카시인협회 디카시 문학상 당선작
당선작 - 꽃걸음 박 하 · 022
박 하 당선 소감 · 023
임창연 심사평 · 024

셋, 월간 우수작품 당선작
1월, 땅강아지 이고운 · 026
2월, 쉼 김미성 · 027
3월, 파멍하기 김혜순 · 028
4월, 기억의 시간 엄미경 · 029
5월, 그네를 보며 정홍근 · 030
6월, 어울림 강춘홍 · 031
7월, 물귀신 김진곤 · 032
8월, 아줌마 부대 이화찬 · 033
9월, 무응답 김정수 · 034
10월, 꽃걸음 박 하 · 035

넷, 회원 작품

강성규 임 / 친구 • 038
강춘홍 비우다 / 감옥 • 040
김광련 고진감래 / 인생 샷 • 042
김명요 판을 벌이다 / 웨딩카 • 044
김미성 불효자 / 차향 • 046
김봉대 원조 / 대들보를 꿈꾸며 • 048
김성용 그리움 / 야망 • 050
김승린 시험공부 / 솔의 눈 • 052
김정수 접시꽃 / 화장장 • 054
김진곤 치매 / 반전 • 056
김효철 망부석 / 물명 • 058
김혜순 아줌마 블루스 / 입 입 입 • 060
김홍유 투망 / 옹알이 • 062
문예서 자유 출입 / 먹잇감 • 064
문선희 별이 빛나는 밤에 / 어떤 쾌거 • 066
민광숙 그래도 꽃인 걸 / 거북이의 절규 • 068
박동환 선택 / 천국으로 가는 길 • 070
박재우 카오스 / 여름 • 072
박주용 딱 걸렸어 / 눈에 보이는 것만 다가 아니다 • 074
박 하 오랫동안 입었던 옷 / 큰며느리 • 076
박해경 당신이 돌아왔다기에 / 바다 일기장 • 078
변상복 금목서 / 첫사랑 • 080
신총명 육곡六曲을 찾으니 / 순수를 만나다 • 082
안미련 아버지 / 랜드마크 • 084
엄미경 굴렁쇠 / 퇴근 • 086
우덕상 아낌없이 주는 비 / 장생포 • 088
이고운 사랑이 머물던 자리 / 휴게실 • 090
이명희 두 송이 / 지천명 • 092

이미경 고맙다 / 관계 · 094
이부강 소방관 / 하늘타리 · 096
이승예 징검다리 / 스티커처럼 · 098
이시향 디카詩 / 연분緣分 · 100
이화찬 바쁜 마음 / 밥줄 · 102
임창연 득도得道 / 긴장 · 104
장영채 니가 왜 거기서 나와 / 하늘이 무너져도 · 106
정홍근 초년생에게 / 소통의 기술 · 108
장미화 숨은그림찾기 / 홀로서기 · 110
황대승 천만다행 / 밝게 살아라 · 112

다섯, 편집 후기
편집 후기 · 114

하나,
초대 작품

양수리 찬가

두물머리와 세미원이 기다리는 곳
한여름 하늘의 모색 강물에 잠길 때
그대 양수리에서 같이 살 생각 없는가

김종회
한국디카시인협회 회장

적우의 '하루만'

해일이 범람하고 폭우가 쏟아지고
군용 무장트럭이 쌩쌩 질주하던
그때는 그랬다

이상옥
한국디카시연구소 대표

초대작품

세기의 골목

늘 골목 홀로 남는 저녁이 오고

18세기 끝에서 걸어나오면 현재
이방인의 발자국 따라가면 히베이라 광장

여기는 시작과 끝이 같은 곳

최광임
한국디카시인협회 부회장

공작

날기를 꿈꾸는 사이
모든 날개가 마지막 불꽃으로 타오른다
이제 나는 건 꿈같은 일

꿈을 접는다는 건
너무 버거운 생의 비의非意다

이기영
한국디카시인협회 사무총장

둘,
울산디카시인협회 디카시 문학상 당선작

울산디카시인협회 디카시 문학상 당선작

꽃걸음

박 하

손자 손녀 왔다는 소리에
달려오는 걸음걸음마다
꽃잎 휘날린다

당선 소감

　디카시라는 아름다운 세상을 만난 지 어느덧 2년이라는 시간이 흘렀습니다. 처음 디카시를 알게 되었을 때는 그저 새로운 문학 장르라고만 생각했습니다. 하지만 디카시를 만나고 난 후, 제 삶은 완전히 달라졌습니다. 사물과 풍경을 바라보는 시선이 달라졌고, 주변 사람들마저 달리 보며 시상을 떠올리는 문학소녀가 된 듯 하루하루를 보내고 있습니다.

　차가운 바람이 불기 시작하는 초겨울 따뜻한 소식을 받았습니다. 울산디카시인협회에서 올해 문학상으로 제 작품을 선정해 주신 것입니다. 뜻밖의 소식에 꿈을 꾸는 것만 같습니다. 울산디카시인협회 회원으로서 앞으로 더 열심히 시를 쓰며 디카시를 널리 알려야 한다는 소명을 받은 듯, 기쁨을 감출 수가 없습니다.

　저에게 디카시의 인연을 만들어주신 이시향 회장님, 늘 따뜻한 말로 응원해 주시는 박동환 부회장님, 디카시를 쓸 수 있는 원동력과 마음을 이끌어 주시는 박해경 사무국장님, 그리고 저의 디카시를 선정해 수신 임창연 시인님께 진심으로 감사드립니다.

　디카시를 통해 새로운 세상을 만나게 해주신 모든 분들께 감사드리며, 앞으로 더욱 성장하고 노력하는 디카시인이 되겠습니다. 다시 한번 감사드립니다.

박 하

심사평

　울산디카시인협회는 한국디카시인협회가 발족이 되기 전부터 이시향 회장을 중심으로 울산지역에 디카시가 자리 잡게 했다. 이번에 첫 사화집을 만들면서 울산디카시인협회 디카시문학상을 발표하게 되었다.
　본선에는 월간 우수작품으로 당선된 10편의 작품이 올라왔다. 작품의 면면을 살펴보면 어느 작품이든 선정되기에 부족함이 없다. 그만큼 디카시에 대한 자체적인 교육과 작품에 대한 열정의 결과일 것이다. 그중에서 수상작에 선정된 박 하의 「꽃걸음」은 가게에 쌓아놓은 덧신을 보고 그걸 신고 손자 손녀를 마중 나가는 것을 상상한 작품이다. 뒤돌아보면 어머니들의 삶이란 대부분 거칠고 어려움이 많은 길이었다. 시인은 이제라도 어머니가 꽃 덧신을 신고 손자 손녀를 보면서 웃으며 살라는 바람이 있는 것이다.
　디카시는 생활 속의 예술로 자리를 잡으며 일상에서 문학을 쉽게 향유하는 장르가 되었다. 일반인들이 쉽게 이해가 되고 생활 속의 문학으로 자리를 잡게 된 것은 디카시가 SNS에 가장 잘 맞춤 된 문학의 장르이기 때문이다. 그래서 독자들이 디카시를 더 쉽게 받아들인 것이다. 독자는 소비자인 동시에 창작의 역할을 앞으로도 충실히 할 것을 믿어 의심치 않는다. 또한 디카시를 높은 수준에 올려놓는 책임도 함께 따르게 될 것이다.

임창연(시인·문학평론가)

셋,
월간 우수작품 당선작

1월, 땅강아지 / 이고운
2월, 쉼 / 김미성
3월, 파명하기 / 김혜순
4월, 기억의 시간 / 엄미경
5월, 그네를 보며 / 정홍근
6월, 어울림 / 강춘홍
7월, 물귀신 / 김진곤
8월, 아줌마 부대 / 이화찬
9월, 무응답 / 김정수
10월, 꽃걸음 / 박하

땅강아지

이고운

흙에서 나온 지 얼마 되지 않았는데

꼬물꼬물 땅을 파는
되돌아가는 본능

쉼

김미성

와불도 설산이 좋아 이곳에 자리하셨나 보다

파멍하기

김혜순

눈물 쏙 빼게 하는
파투 난 사랑

아린 가슴 안고
하염없이 바라보네

기억의 시간

엄미경

세월 가면 잊혀진다
무심히 말한다
세월 가도 잊지 못한다, 결코

저 바다 속 깊은 슬픔이
다 인양되기 전에는

그네를 보며

정홍근

뒤로 물러난 만큼
더 높이 오를 수 있어요

높이 오른 만큼
또 뒤로 물러나야 하죠

그것만 알면, 아름다운 세상이예요

어울림

강춘홍

영역 다툼하느라 보낸 세월
미운 정 고운 정이 버무려진
꽃을 피웠다.
너와 나 어울려 함께 피니
더 아름답다

물귀신

김진곤

도깨비 장마가
잠시 멎었지만
어느 구름에
장대비 들었는지
아무도 모른다

아줌마 부대

이화찬

수신제가 후
치국평천하
내 몸부터 씻는다

무응답

김정수

'누구 없소'
방문 앞에서
세월을 불러 본다

온기 떠난 사랑방
정적만 흐른다

꽃걸음

박 하

손자 손녀 왔다는 소리에
달려오는 걸음걸음마다
꽃잎 휘날린다

넷,
회원 작품

임 외 1편

임 오실까 꽃단장하고
더울세라 선풍기까지
바람아 전해다오
임에게

친구

아기공룡도 소풍 왔을까
발자국에
맞추어 나란히 걸어본다

우리 만났으면 친구가 되었겠지

 강성규

비우다 외 1편

미련과 후회 없는 삶이 있으랴
죽을 때까지 버리지 못할 욕심
태우고 또 태워
한 줌 재로 남을 때까지
마음을 비워내는 불멍의 시간

감옥

쇠창살이 없다고 해서
자유는 아니다
인간에게 먹이를 의존하게 될 때부터
자신도 모르게 구속되는
보이지 않는 올가미

 강춘홍

고진감래 외 1편

꽃 화관을 쓰신 노모
힘든 세상 참고 살다 보니
이렇게 좋은 날도 오는구나
내가 오래 살길 잘했어
너희들도 나처럼 살아보렴

인생 샷

가을 햇살 좋은 날
얘들아, 여기가 좋겠네
하나, 둘, 셋 스마일
아뿔싸! 돌잡이 막둥이
잠에 취해 그만 고갤 떨군다

김광련

판을 벌이다 외 1편

이판저판
기웃거려 보아도
모판이 최고더라
소중하더라

웨딩카

대기 중입니다
어서 오세요
불황이 심합니다

 김명요

불효자 외 1편

엄마 생각에
오늘도 먼 산 바라봅니다

차향

싱그럽고 구수한 향기 피어
너 왔나
두리번거린다

 김미성

원조 외 1편

부자 되세요
대박 나세요
돈 세다 잠드세요

그 옛날,
우리에게는 갈고리가 있었다

대들보를 꿈꾸며

흙 한줌
물 한 모금 없지만
대들보를 향한 꿈은 버리지 않아요

누구나 견디지 않고서야
어찌 꿈을 만날 수 있겠어요

 김봉대

그리움 외 1편

떠나보면 알아요
그 사람
그곳

야망

이제는
우주 시대야
바다는 너무 좁아

 김성용

시험공부 외 1편

하느님이 공부하다가
달 밑에 밑줄
쫙쫙
그어 놓았다

솔의 눈

송림을 찾아오는
수많은 사람들

나도 그대들을 지켜본다는
사실을
눈치채지 못했겠지

 김승린

접시꽃 외 1편

유월의 하늘 아래
죽은 누이의 볼처럼
서러워서 예쁘다

화장장

각양각색으로
힘겹게 살았지만
모두 아궁이 앞에서
고단한 육신
내려놓는다

 김정수

치매 외 1편

나이 먹을수록
잃어가는 과거

남은 기억의 나사
애써 조여보지만
자꾸만 헛도는구나

반전

등산길에는 돌아가는
걸림돌이더니
하산길에 신발 고쳐 매는
디딤돌이더라

 김진곤

망부석 외 1편

임을 못 볼 바엔 고통의 시간을 넘어
차라리 기다림의 돌이 되렵니다
아울러 증오의 눈초리로 여기에 영원히 서서
임 앗아 간 왜국을 저주하는
분노의 돌로 남으렵니다

물멍

철로 옆 파라솔 앞자리에
한동안이나 우두커니 서서
바닷바람과 함께하는 물멍
맞닿아 서로 보듬는 저 선처럼
늘 살포시 잡고 보듬는 당신 손

김효철

아줌마 블루스 외 1편

앞치마 벗어 던진다

파마머리에 짙게 화장하고
단체 관광 가는 날

입 입 입

유쾌한 웃음소리가
점
점
퍼져 나갑니다

 김혜순

투망 외 1편

그물코가 없다해도
사랑은 가슴으로 품는 것

부모님의 내리사랑
하늘같이 넓다

옹알이

봄이 익으면
꿈도 영근다
수줍은 귀비
귓불이 터진다

 김홍유

자유 출입 외 1편

가든지 말든지

명상에 잠긴
해탈한 문지기

먹잇감

목표 향해

쉿
긴장감이 흐른다

 문예서

별이 빛나는 밤에 외 1편

오염수 No
플라스틱 No
폐그물, 통발 No
물 속에 갇혀 절규한다
25Hz 고래 고래 고래

어떤 쾌거

순수를
마구 마구 딥페이크 한데요

걱정 말아요 여러분
딱! 잡았거든요

 문선희

그래도 꽃인 걸 외 1편

조금 시들면 어때
아름다웠던 그 시절
그 안에 다 품고 있는걸

옛날을 그리워 말자
지금이 딱 좋아

거북이의 절규

그날 꿈에 본
산해진미가
종신형이었던가

내 가족 보고 싶소
자유를 주소

 민광숙

선택 외 1편

나를 가두는 것도
나를 자유롭게 하는 것도
모두 내가 만들어가는 일이다

천국으로 가는 길

인생은 선착순이 아닌데
옆도 뒤도 보지 않고
바보처럼 오르고 올라서
늘 제자리로 돌아온다

박동환

카오스 외 1편

낙조이든
일출이든
마음을 얹으면
그만인 거지

여름

저 산이
팥빙수 한 그릇
먹고 가라 한다

 박재우

딱 걸렸어 외 1편

외로움에 지쳐 함께한다
저마다 이런저런 핑계로 자리 떠난다

혼자 쓸쓸히 집으로 가는 길

너 딱 걸렸어
나한테

눈에 보이는 것만 다가 아니다

눈동자같이 지키시는 하나님
멀게만 느낀다

CCTV 앞에서는
멈칫한다

 박주용

오랫동안 입었던 옷 외 1편

어릴 때부터 입었던 옷
막내 결혼 시키고 벗었지만

여전히
사라지지 않는 자국

큰며느리

시집가니
미련 곰탱이라더니

이젠,
단단하게 여물었다며
우리 며느리 최고란다

 박 하

당신이 돌아왔다기에 외 1편

설레는 마음으로 달려왔더니
까만 꽃대만 남았네

당신이 떠난 빈자리에 앉아
나는 울기만 했지

바다 일기장

바다는 태양으로 일기를 씁니다
파도가 높아도 낮아도
제목은 언제나 노을이라 쓰고
넓은 공책에 물들이듯 빈틈없이 씁니다

박해경

금목서 외 1편

솔직히
첫눈에 반하지는 않았지만

갈바람에 느껴지는
향긋하고 달달한 너의 향기에
옛 임처럼 빠져든다

첫사랑

그댈 본 순간
끌림과 설렘이 일었고

서툴게 맞닿은 입술에
수줍어
붉어진 내 얼굴

 변상복

육곡六曲을 찾으니 외 1편

선비문화의 흔적이
덤불 속에 묻혀 있네

글씨만 보아도
옛 임 보듯 반갑다

순수를 만나다

겨울비 내리는 반구대 풍경
어쩌면 이리도 맑고 고울끼

꽃 지고 잎 떨군 겨울나무
유리구슬 보석으로 치장했네

 신종명

아버지 외 1편

당신 걸으신 길
이어서 걷습니다
땀 눈물 범벅이어도
자식 웃는 모습에
기꺼이 수고하셨음을

랜드마크

압도하는 규모지만
텅 빈 상가들
비 온 뒤 맹종죽 같다

입 벌리고 올려다보던 서민들
포도밭 아래 여우처럼 돌아선다

안미련

굴렁쇠 외 1편

잘만 굴리면
이번 달도 거뜬히
살아낼 수 있을 거야

퇴근

무거운 하루를 내려놓고
집으로 돌아갈 시간
내일을 잠시 잊어도 좋을 시간

 엄미경

아낌없이 주는 비 외 1편

지구의 뜨거움을 식혀주고
목마른 우주에 물주고
황사로 오염된 공기 씻어주고
오염된 물 정화해 주고
아름다운 산수화로 행복을 준다

장생포

낭만의 노래 '그대 눈 속의 바다'
추억의 노래 '장생포 타령'
영화 노래 '바위 속의 아기고래'
노을과 불빛 노래 '장생포의 밤'
장생포는 행복 담아 고래고래 외치는 나의 노래다

 우덕상

사랑이 머물던 자리 외 1편

깊은 천연두 열꽃 흔적만 남긴
완전 연소된 사랑

꽃은 져도
눈물은 없으리

휴게실

넋 놓은 세월에 지쳐
쉼을 찾는 인생아

소슬바람 불어오니
젖은 몸을 기대렴

 이고운

두 송이 외 1편

꽃 두 송이
활짝 웃고 있으니
가을 향기가 솔솔

지천명

혼자 나이트 클럽에 왔는데
아무도 쳐다보지 않는다

 이명희

고맙다 외 1편

하늘 높은 줄만 알고
푸름을 뽐냈더니
붉은 옷단장한 너희가 있어
더 빛나구나

관계

조심해도 깨지기 쉽고
다시 맞추긴 너무 어려워
금 간 상처 보이지 않게

서로 소중히 다뤄야 해

 이미경

소방관 외 1편

슬도 너머 마을에 불났다

소방차보다 먼저
물을 뿜으러
날아가는 고래들

하늘타리

기쁜 소식 잉태하고 수줍어
울타리를 만들었구나

기도하는 마음으로
하늘 수박 기다린다

 이부강

징검다리 외 1편

너의 마음이
내게로 건너오는
소리가 들려

스티커처럼

너에게
꼭
붙어 있을래

 이승예

디카詩 외 1편

팔랑팔랑
봄을 쓰던 날개 접고
생각을 잃은 채
일에
매여 지낸다

연분 緣分

하늘에서 내려온 빛은
연을 만나
분을 나누고
색色을 낳는다

이시향

바쁜 마음 외 1편

또 농사지을 수 있을까
걱정하며
내년을 준비하고 있다

밥줄

때로는 무겁게 느껴져도
식구들 입이 많기에
뻘밭을 걸어도
걸음이 가벼워지네

이화찬

득도得道 외 1편

칼로 물을 벤다

하늘을 향해 뻗는
날카로운 날

고수의 눈에만 보인다

긴장

커다란 나비 한 마리

날개를 쉬고 있는 작은 나비를
조준하고 있다

그 사이 긴장이 홀로 날고 있다

 임창연

니가 왜 거기서 나와 외 1편

얼마나 답답했겠니
얼마나 헤맸을까
다 잊고
밝은 세상 넓은 세상
마음껏 즐겨라

하늘이 무너져도

비, 바람이 몰아쳐도
앞이 캄캄하여도
희망을 포기하지 않는 자에게는
찬란한 축복의 빛이

 장영채

초년생에게 외 1편

잠시만 정신 못 차려도
낯선 세상에 혼자 떨어진 듯
화들짝 놀라곤 하겠지만

찬찬히 둘러보면 여기저기
길잡이 등대가 널 응원할 거야

소통의 기술

눈은 마주 보고
입은 잠시 닫고
귀는 활짝 열고

가볍게 미소 지으며
고개를 끄덕여 보세요

 정홍근

숨은그림찾기 외 1편

미키마우스, 고양이,
눈, 코, 입, 사람
얼굴이 보이네요
다른 것은 무엇이
보여요?

홀로서기

분가한 내 자식
뿌리 내리고 커가는 모습
지켜보는 마음

 장미화

천만다행 외 1편

구불텅 구불텅
덩달아 구불거리다가
사람 손길 고맙구나

산에 기어오르는
구렁이 될 뻔했다

밝게 살아라

외아들 장가보내
신혼여행 다녀와서

문 열고 들어서는
며늘아가 환한 얼굴

 황대승

◻ 편집 후기

  2023년 9월 23일 한국디카시인협회 울산지부 창립 총회를 기점으로 울산에서 새롭게 디카시에 대한 열정 가득한 회원들의 작품을 보게 되었다.
  초기에는 처음 시작하시는 회원들이 많아서 디카시에 대한 이해도와 어떻게 써야 하는지에 대한 문제로 애로사항이 많았다.
  하지만 1년이라는 시간의 숙성을 통해서 만들어진 연간집 작품을 보면서 이제는 어엿한 디카시인으로 성장한 것 같아서 같은 울산지부 회원으로서 기분이 좋아진다.
  이러한 울산지부 회원들의 역량이 각종 대회에서 우수한 성적을 거둔 것도 우연이 아니다.
  매달 회원들의 작품 중에서 우수작품을 뽑는 과정에서 회원들의 수준이 많이 성장하는 기회를 가져온 것이 사실이다.
  연간집에 들어간 많은 작품은 시적 대상을 일상에서 흔히 볼 수 있는 가까운 곳에서 삶의 진솔한 얘기를 전달한다.
  이러한 생활 속의 이야기를 디카시로 승화시켜 때로는 재미있게, 때로는 깊은 감동을 주는 디카시를 만들었다.
  24년 첫 연간집을 편집하면서 지금도 회원들의 좋은 작품이 가득한데, 앞으로는 더 수준 높은 작품을 볼 수 있을 것 같아 기대와 흥분으로 후기를 마무리한다.

- 박동환

울산디카시인협회의 첫 번째 연간 디카시집이 마침내 세상의 빛을 보게 되었습니다. 이 디카시집은 그동안 울산디카시인협회가 함께 걸어온 길과 회원 여러분의 창작 열정을 한 권에 담아내고자 애써 온 노력의 결실입니다.

무엇보다 디카시는 이미지가 결합하여 깊은 감동과 여운을 주는 장르입니다. 이번 디카시집에서는 다양한 시선과 이야기가 담긴 우리 회원들 76편의 작품을 수록하였으며, 이를 통해 독자들이 디카시의 매력을 새롭게 발견하길 바랍니다. 또한, 울산 지역 디카시인들의 특유 감성이 깃든 작품들을 감상하며 새로운 영감과 감동을 얻으실 수 있을 것입니다.

울산디카시인협회는 디카시의 매력을 널리 알리고, 회원들의 창작 활동을 더욱 풍성하게 지원할 수 있도록 지속적으로 노력하겠습니다.

앞으로도 많은 관심과 사랑을 부탁드리며, 이 디카시집이 독자 여러분의 마음에 깊은 울림이 되길 바랍니다.

- 박해경

창연디카시선 025

디카詩

2024년 12월 20일 초판 1쇄 발행

지 은 이 | 이시향 외
편   집 | 이소정
펴 낸 이 | 임창연
펴 낸 곳 | 창연출판사
주   소 | 경남 창원시 의창구 읍성로 36
출판등록 | 2013년 11월 26일 제2013-000029호
전   화 | (055) 296-2030
팩   스 | (055) 246-2030
E-mail | 7calltaxi@hanmail.net

값 15,000원
ISBN 979-11-91751-74-1   03810

ⓒ 울산디카시인협회, 2024

＊ 이 책의 판권은 저자와 창연출판사에 있습니다.
＊ 양측의 서면 동의 없이 무단 전재나 복제를 금합니다.